Zhongguo Wenhua
Zhishi Duben

中国文化知识读本

两朝古都郑州

主编　金开诚

编著　李晓丹

吉林出版集团有限责任公司

吉林文史出版社

图书在版编目（CIP）数据

两朝古都郑州 ／ 李晓丹编著. —— 长春 ：吉林出版
集团有限责任公司 ：吉林文史出版社，2009.12（2023.4重印）
（中国文化知识读本）
ISBN 978-7-5463-1935-3

Ⅰ．①两… Ⅱ．①李… Ⅲ．①郑州市－概况 Ⅳ.
①K926.11

中国版本图书馆CIP数据核字(2009)第236912号

两朝古都郑州

LIANG CHAO GUDU ZHENGZHOU

主编／金开诚　编著／李晓丹

项目负责／崔博华　责任编辑／曹恒　崔博华

责任校对／刘姝君　装帧设计／李岩冰　董晓丽

出版发行／吉林出版集团有限责任公司　吉林文史出版社

地址／长春市福祉大路5788号　邮编／130000

印刷／天津市天玺印务有限公司

版次／2009年12月第1版　印次／2023年4月第3次印刷

开本／660mm×915mm　1/16

印张／8　字数／30千

书号／ISBN 978-7-5463-1935-3

定价／34.80元

前　言

　　文化是一种社会现象，是人类物质文明和精神文明有机融合的产物；同时又是一种历史现象，是社会的历史沉积。当今世界，随着经济全球化进程的加快，人们也越来越重视本民族的文化。我们只有加强对本民族文化的继承和创新，才能更好地弘扬民族精神，增强民族凝聚力。历史经验告诉我们，任何一个民族要想屹立于世界民族之林，必须具有自尊、自信、自强的民族意识。文化是维系一个民族生存和发展的强大动力。一个民族的存在依赖文化，文化的解体就是一个民族的消亡。

　　随着我国综合国力的日益强大，广大民众对重塑民族自尊心和自豪感的愿望日益迫切。作为民族大家庭中的一员，将源远流长、博大精深的中国文化继承并传播给广大群众，特别是青年一代，是我们出版人义不容辞的责任。

　　本套丛书是由吉林文史出版社和吉林出版集团有限责任公司组织国内知名专家学者编写的一套旨在传播中华五千年优秀传统文化，提高全民文化修养的大型知识读本。该书在深入挖掘和整理中华优秀传统文化成果的同时，结合社会发展，注入了时代精神。书中优美生动的文字、简明通俗的语言、图文并茂的形式，把中国文化中的物态文化、制度文化、行为文化、精神文化等知识要点全面展示给读者。点点滴滴的文化知识仿佛颗颗繁星，组成了灿烂辉煌的中国文化的天穹。

　　希望本书能为弘扬中华五千年优秀传统文化、增强各民族团结、构建社会主义和谐社会尽一份绵薄之力，也坚信我们的中华民族一定能够早日实现伟大复兴！

目录

一、郑州概况

（一）历史文化资源

郑州地处中华民族文明的发祥地区，是我国最古老的城市之一。早在 3600 年前，郑州就成为我国商代最早而且最大的一座都城，享誉世界的商文明就是发源于此。郑州曾五次为都，八代为州，是中国八大古都之一，已加入"世界历史都市联盟"。郑州历史悠久，是中华民族的发祥地之一，孕育了中华民族及其光辉灿烂的文化。被誉为"河南第一洞"的荥阳织机洞旧石器时代遗存的发现，说明至少距

轩辕庙石碑

黄帝陵石刻

今十万年前，我们的祖先就开始在这块土地上繁衍生息。

郑州悠久的历史也造就了当地丰富的旅游资源。轩辕黄帝故里、裴李岗文化遗址、大河村遗址、夏都阳城遗址、商城遗址等记载了她八千多年的文明史，以黄河游览区、大河村遗址为代表的特色文化旅游群，以及名扬海内外的少林寺、嵩山国家森林公园等风景名胜区给郑州增添了无穷的人文魅力。

（二）改革开放成就

郑州在改革开放过程中取得了新进展，

工业经济运行保持了快速增长的良好态势。1992 年郑州市跻身全国综合实力 50 强、投资硬环境 40 优城市行列。郑州地处中原，具有"中、通、丰、古、商"的区位优势，大力发展高效农业、商品农业，初步构筑了适应社会主义市场经济要求的农村新经济体制框架。郑州商贸发达，是国务院确定的三个商贸中心试点城市之一，拥有一大批高档次、多功能的大型商贸设施和辐射全国的商品集散市场。郑州地处中原腹地，交通、通信发达，处于中国交通大十字架的中心位置，是我国铁路、

现代化都市郑州

俯视现代城市郑州

郑州和谐号列车

公路、航空、信息兼具的重要综合性交通通讯枢纽之一。京广、陇海两大铁路干线在此交汇，拥有三个铁路特等站，郑州北站是亚洲最大的列车编组站，郑州东站是全国最大的零担货物中转站。其邮政电信业务量也位居全国前列。

二、源远流长的文明

郑州市我国最古老的城市之一，辖区内有距今超过 10 万年的荥阳织机洞旧石器时代遗存，以及距今 8000 年的裴李岗文化遗址，距今 5000 年的大河村、秦王寨等多种类型的仰韶文化与龙山文化遗址等。这里曾是商王朝的重要都邑之一，夏、商都城之一；曾是管、郑、韩等藩国的首府；曾是隋、唐、五代、宋、金、元、明、清八代的重要州府之一。

（一）奴隶制社会下的郑州

古代，有熊氏在位于郑州境内的新郑建立了国家，传说中华民族的始祖轩辕黄帝就出生在轩辕之丘，并定都在有熊。黄帝

黄帝故里石碑

统一天下后，开始积极创建文明社会，惜物爱民，为日后中华民族的形成奠定了初步基础，因此被后人尊称为中华人文始祖。庄子曾经说过："世之所高，莫若黄帝。"就是说黄帝对中华民族的贡献是无人可及的。《史记》中也记载："黄帝者，少典之子，姓公孙，名曰轩辕。生而神灵，弱而能言，幼而徇齐，长而敦敏，成而聪明。轩辕之时，神农氏世衰。诸侯相侵伐，暴虐百姓，而神农氏弗能征。于是轩辕乃习用干戈，以征不享，诸侯咸来宾从。"就是说黄帝是少典的儿子，姓公孙，名叫轩辕。出生时就有神的灵性，幼儿时就能说话，年少时敏慧，长大后忠厚机敏，成年后聪慧英明。轩辕的时候，神农氏一代代地没落。诸侯互相侵占征伐，残暴地对待百姓，但神农氏没有能力征讨他们。在这种情况下轩辕（黄帝）开始学习兵法作战，来征伐那些不来朝的诸侯，最终各个诸侯都顺从（于轩辕氏）。黄帝定都有熊（今新郑）后，制定历法，创造文字，育蚕制丝，传授人民播种和饲养技术，为后来

轩辕黄帝之碑

郑州的发展奠定了基础。

公元前 21 世纪，我国历史上第一个奴隶制国家夏朝建立。夏朝是由禹族部落领袖大禹创建。司马迁在《史记》中把大禹看作是颛顼帝（相传颛顼帝是黄帝的孙子之一）的孙子，鲧的儿子。鲧的部族居住在今天河南省郑州境内的登封嵩山附近，鲧曾被尧封为"崇伯"（即嵩山一带的部落首领）。他管辖的地区，既有嵩山南麓的颍河、汝河流域上游地区（今登封、禹州一带），又有嵩山北麓的洛河、伊河下游地区（今偃师、巩义一带）。大禹治水成功后，舜在隆重的祭祀仪式上，将一块黑色的玉圭

轩辕黄帝塑像

大禹塑像

赐给大禹，用来表彰他的丰功伟绩，并向天地万民宣告大禹治水成功。舜在位三十三年的时候，正式将大禹推荐给上天，把天子位禅让给禹。十七年以后，舜在南巡中逝世。三年治丧结束，禹避居阳城（今郑州登封告成镇一带），想将帝位让给舜的儿子商均。但天下的诸侯都离开商均去朝见大禹。在诸侯的拥戴下，大禹正式即天子位。大禹曾经居住在阳城，阳城便成为大禹部落的重要活动地区。因此夏朝建立后定都在阳城，郑州地区也成为夏王朝统治的中心地区。

商朝是我国历史上第二个奴隶制国家。据史料记载，商朝从公元前 1600 年—公元前 1046 年，经历了三个大的阶段，前后相传十七世三十一王，延续六百年时间。商朝的都城曾先后多次迁移，其中有五个在河南境内。由此可见商朝时候，河南是当时的政治、经济、军事、文化发展的中心地区，而作为商代都城的郑州，其作用更是中心中的中心。

西周初年，周武王灭掉殷商，并将其弟管叔封于管（今河南省郑州市管城），称为管国，是当时周朝的"东方重镇"。据史料《竹书纪年》记载："管叔自作殷之监，东隅之侯，咸受赐于王。"意思就是武王把他的弟弟管叔封在管

周武王陵

周公像

城这个地方,并让他监管殷商的遗民。史籍《括地志》中也记载:"郑州管城县外城,古管国城也。"表明今河南省郑州市管城的外城就是古代管国的城池。周武王死后,周成王即位,因为周成王年幼,所以由周公旦摄政,而管叔姬鲜与蔡叔姬度认为周公旦这种摄政行为对周成王不利,同武庚禄父向周公旦发难,结果被周公旦经过三年时间平定,最终管叔以叛乱罪被处死,管城也被废除封地资格。

周王朝为了延续殷商的血脉,便把殷商后代分封成一个小的诸侯国,其位置就在今郑州市管城区的老城之内。因为"依"和"殷"二字在古代相通，所以用"依"作为国名。周平王六年（公元前765年），郑国的郑武公兴兵征战，基本平定了今天郑州附近的地区，建立了郑国。依国也被郑武公灭掉，殷商的宗祀全部断绝。据《中国历史地图集·西周·成周附近图》记载："管东至圃田泽间有蔽国。"由此可以知道，蔽国的位置在今郑州市老城以东的地方。周平王六年（公元前765年）蔽国也被郑武公灭亡。

由上述可见，在整个奴隶社会时期，郑州及其周边地区一直处于天子脚

如果站在山顶的亭子里，整座郑州城将会尽收眼底

下，在城市发展和经济、文化等方面处于领先地位。

（二）封建制社会下的郑州

春秋战国时期，郑、韩两国先后在新郑建都，长达 500 多年。郑韩故城位于新郑市区周围，距今 2700 多年。故城内外遗迹遗存星罗棋布，是全国重点文物保护单位。郑韩故城位于新郑市城关附近的双洎河（古洧水）与黄水河（古溱水）交汇的地方。春秋战国时期，郑国和韩国在此建都 539 年，因此称郑韩故城，郑韩故城周长约 45 华里，平面呈不规则三角形，形状好像一只牛角。郑韩故城分东西两区，

郑韩故城遗址

郑韩故城古城墙

西城为宫城和贵族居住区，东城为手工业和平民居住区。郑韩故城的城垣均是用土夯筑而成，城墙高一般为10米左右，最高可达16米，城墙基宽40—60米，顶宽2.5米。2000多年过去了，郑韩故地至今仍城垣逶迤，巍巍壮观，它是世界上同期保存最完整的古城垣之一。它不仅是研究该地区历史的重要资料，而且还是供人们游览的重要古迹。

秦汉时期，郑州地区始置荥阳、巩、京、新郑等县，荥阳一度成为"富冠海内"的天下名都。郑州的手工业曾一度得到空前的发展，冶铁业尤其发达，是当时重要的冶铁基地。

郑韩故城遗址

隋开皇三年（583年）将荥州改为郑州。隋开皇十六年（596年）设立管州治所。管城作为郑州、管州州治，成为郑州地区政治、经济中心。隋炀帝开通大运河和通济渠后，郑州一度"商旅往返，船乘不绝"，成为全国水陆交通的重要枢纽。

北宋建都汴京后，郑州属京畿路，崇宁四年（1105年），建为西辅，成为宋代四辅郡之一。金代，隶属南京路（今开封市）。金贞四年（1216年），管城更名故市，后复名管城县。明初，郑州划归开封府。清代，郑州为两次升为直隶州。

三、博大精深的文化

嵩山风光

郑州雄踞中华神州的腹地，"雄峙中原，控御险要"，十省通衢。它源远流长的历史文明孕育了博大精深的文化。

（一）地质文化

横卧于郑州境内的嵩山，距今已有35亿年的历史，是中国最古老的山脉。嵩山的形成是经过十亿年的几次地壳运动变迁，山体多次下沉、挤压、抬升，变化巨大。地质上的古代、远古代、古生代、中生代、新生代地层序列，在嵩山得到完整连续表露。因此嵩山被地质学家称为"五世同堂"的"天然地质博物馆"。

中岳嵩山东西横卧，屹立中原，在五岳当中，嵩山比不上东岳泰山的雄伟，又缺少西岳华山的险峻，比不上南岳衡山的秀丽，又缺少北岳恒山的奇绝。然而"山不在高，有仙则名，水不在深，有龙则灵"。嵩山以它灿烂的古老文化，独特的演变历史，诱人的山川风貌使人流连忘返。嵩山不同于其他四岳的地方，突出表现在一个"奥"字上：一是嵩山的自然景色奇丽无比，奥妙无穷。嵩山由太室山和少室山组成，

太室山登山道

少室山远景

太室山犹如一条酣睡的巨龙，而少室山则好像一只翩翩起舞的凤凰。根据民间传说，大禹的第一个妻子涂山氏在太室山一带生下启，山下建有启母庙，故称之为"太室"（室：在这里是妻子的意思）。太室山一共有三十六座山峰，岩壁和绿树相间，山峰环向聚拢，好像一朵朵绽开的芙蓉。由于大禹的第二个妻子，涂山氏的妹妹生活在距离太室山约10千米的少室山，人们便在山下建立了少姨庙，"少室山"的名字便由此而来。太室山有三十六座山峰，每一座都有自己的名字，每一座都有自己的典故。例如主峰的名字叫做"峻极峰"，就来源于《诗经·嵩高》"峻极于天"，后来因为清高宗乾隆

嵩山少林寺武僧

皇帝游玩嵩山时，曾在此赋诗立碑，所以该主峰又被称为"御碑峰"。少室山山势陡峭，也有三十六座山峰。每个山峰簇拥起伏，好像围成一圈的旌旗，又好似罗列成一环的剑戟，很是壮观。少室山的主峰御寨山是嵩山的最高峰，山北五乳峰下便是少林寺。根据《河南府志》记载，金宣宗完颜列与元太祖成吉思汗交战时，金宣宗被逼出京，曾经撤退进入少室山，在山顶屯兵，故称"御寨山"。山峰之间寺庙林立，古迹棋布，素有"上有七十二峰，下有七十二寺"之说。二是嵩山的历史文化灿烂，这里是炎黄的祖源，这

嵩山风光

里是三代的都地。大禹在这里疏浚九河治理洪水，周公在这里顺应民意建立圣制。嵩山作为地质文化的载体，传承了覆盖经济、文化、艺术、宗教、科技等多方面的博奥精深的历史文化遗产，"佛、道、儒"三教荟萃，"天、地、人"竞相生辉，"山、寺、貌"互补争艳。使古老的嵩山处处闪烁着深奥而奇妙的熠熠光辉。

《史记·封禅书》曾记载："昔日代之君，皆在河洛之间，故嵩高为中岳，而四岳各如其方。"这一句话，充分阐明了嵩山在五岳中的重要地位。嵩山，尧舜时代被称为"外方"；夏禹时被称为"嵩高""崇山"；周平王东迁

中岳嵩山

洛阳后，始定"嵩岳山"为中岳，以后各代均称嵩山为中岳。

位于中原大地河南郑州境内的中岳嵩山，因位居"天下之中"，因而颇受历代帝王的青睐，历史上朝拜过嵩山的皇帝就有二十多个。自汉武帝刘彻嵩山封禅之后，几百年时间都没有人来此封禅。直到公元696年，中国历史上第一位女性皇帝武则天前往嵩山进行封禅。每当路过危险的地方，武则天就下轿步行，一览中岳嵩山的美景。为了纪念登封中岳这一盛大典礼，武则天遂

将年号改为"万岁登封元年",并传旨改嵩阳县为登封县,改阳城县为告成县,取"登封告成"之意。四年之后,77岁的武则天再次驾临嵩山,在嵩山玉女台下的平洛涧石淙河旁边大宴群臣。不料,在这次登封嵩山宴会之后,已经步入古稀之年的武则天忽然患了一场重病。然而不久之后,武则天的病奇迹般地好转了,她非常高兴,认为这是登封嵩山的保佑,便立即大赦天下。七月七日,武则天又特派太监胡超带上金简,前往中岳山祭祀祈福,向三官、九府禀告来意,并在"进山门时投下金简,目的是为自己消灾除罪"。金简的作用相当于后世的名刺(名片),这块金简用纯金打造,以便显示出女皇至高无上的身份,金简上面刻着"乞求玉皇大帝除武　罪名",这通金简反映出武则天当政期间将原有的部分汉字复杂化甚至篆化了,为现在研究唐代社会风貌,以及武则天独特的个性和内心世界,提供了极其珍贵的实物资料。

山中书院石阶

（二）宗教文化

郑州一带自古便是儒、道、佛三教荟萃,各种文化交融发展,传承至今。

管仲塑像

1. 儒学

儒学是以孔子为宗师，以四书五经为经典，以仁义礼智信为基本思想的学术体系。春秋战国时期，法家思想在郑州一带处于主导地位。其中以登封人管仲为代表。他和鲍叔牙的交谊被称为"管鲍之交"，后世广为流传，成为儒家"义"的典范。在儒家学说产生之前，尧、舜、禹、汤、周公等诸位先贤在郑州地区推行德政，成为儒家推崇的圣人。春秋初期，郑国颍谷（今登封市西南）人颍考叔被称为"纯孝伯"，一直被后世的儒家所

白鹿洞书院

推崇，现在登封境内还有很多考叔庙、考叔祠。儒家文化的发展经历了先秦的原始儒学、西汉的神化儒学、宋明的理学、现代的新儒学四个阶段。地处嵩山南麓的嵩阳书院与当今河南商丘的"应天书院"、湖南的"岳麓书院"，江西庐山的"白鹿洞书院"，并称为宋初四大书院。嵩阳书院创建于北魏孝文帝太和八年（484年），当时叫做嵩阳寺，到唐代改为嵩阳观，到五代时周代改建为太室书院。宋代理学的"洛学"创始人程颢、程颐兄弟都曾在嵩阳书院讲学，此后，嵩阳书院成为宋代理学的发源地之一，在我国文化史中占有重要地位。由程颢、程颐兄弟创建的宋明理学，是中国封建社会后期占统治地位的官方哲学，所以历代官吏与名儒都对嵩阳书院有过修复之举。至清代康熙年间，名儒耿介倾其资产，大规模地修复和扩建了嵩阳书院，使她成为清代洛派理学的传播中心。到嵩阳书院一游，就可以对儒家文化尤其是宋明理学，有比较深切的认识。立木表来测量日影并定出二十四节气的周公、隐居于箕山的许由、巢父、伯益等人，虽然生活年代早于儒家学说的诞生时间，但他们都是儒家所推崇的

宋代理学的"洛学"创始人程颢、程颐兄弟都曾在嵩阳书院讲学

嵩阳书院一景

先贤，有关他们的记载和传说，也是儒家文化的一部分。所以，就文化内涵而言，儒家文化成为郑州文化积淀中的重要一层。

2. 道教

郑州嵩山一带流传着许多有关道教的传说，从中我们可以发现道教的形成和嵩山

嵩山神仙洞景观

有着千丝万缕的关系。相传嵩山一带自古就有很多神仙活动。嵩山东部的浮戏山有个山洞，叫神仙洞，古代称为"崆山洞"，相传是神仙广成子居住之处，轩辕黄帝曾来此向广成子问道。据刘向的《列仙传》记载，东周灵王太子姬晋最爱吹笙，吹出来的声音就像凤鸣一样清脆好听。他曾到伊、洛一带周游，道人浮丘公接他上了嵩山，隐居修道。三十多年过去了，人们到山上找他，他出现在友人桓良面前，交待说："请转告我的家人，七

嵩山中岳庙道观炼丹炉

月七日在缑山山顶等我。"七月七日这天，王子晋果真骑着白鹤，来到山顶，人们只能远远地望着他，却无法接近。他挥手向人们告别，然后恋恋不舍地飞走了。秦代宫女毛女得道成仙，往来于嵩山和华山之间，并经产居住在嵩山。《咏毛女》这样写道："曾折松枝为宝栉，又编栗叶作罗襦。有时问着秦宫事，笑捻仙花望太虚。"早期道教五斗米道始祖张道陵在嵩山修炼，后来才在四川创立五斗米道，从这个意义上说，郑州嵩山一带也是道教的发源地。

由于道教传说里面认为嵩山峰峰有仙踪，处处有神迹，以致历代仙师都选择该地作为栖身修道的场所。根据《云笈七签》记载，晋鲍靓曾在嵩山得到《三皇文》，唐李筌嵩山虎口岩石壁找到北魏寇谦之曾所藏的《阴符经》。地处嵩山东麓的中岳庙始建于秦，原名太室祠，是嵩山道教宫观中最负盛名的，"飞甍映日，杰阁联云"是中岳庙的真实写照。中岳庙是道教的圣地，被道教尊称为"道教第六小洞天"。中岳庙的中轴线建筑共十一进，全长 1.3 华里，面积十万多平方米，是五岳中现存规模宏大，保存较完整的古建筑群。中岳庙的四岳殿台在五岳中独树一帜，渗透着"五岳共存，五行俱全"的宗教观念。

嵩山中岳庙内供奉的本命太岁像

自古以来，嵩山就是道教传播的重要地区。嵩山是道教的第六小洞天，嵩山的附属山脉嫟山是道教的第 32 福地，嵩山的北翼邙山是道教的第 70 福地。历史上大多著名道士都曾在嵩山修炼，如浮丘公、王远知、潘师正、吴筠、刘道合、丘处机、李八百、张道陵等，有的长期在嵩山修道，有的先在嵩山修道后成就了一番道业。北魏时，

嵩山观星台

嵩山道士寇天师自称太上老君亲授他天师之位，要他"宣吾新科，清整道教"，于是他改革了五斗米道，增加了一些新科仪，称为"新天师道"。隋唐时，道教上清道茅山宗移居嵩山传道。金朝时，王重阳的弟子丘处机来到嵩山传道，当时道徒朝拜者络绎不绝，丘处机开创了道教丛林制度，使全真道在嵩山地区占据了统治地位。道教在嵩山的重要道场有中岳庙、老君洞、崇唐观、三官庙、峻极宫、九龙圣母庙等。宋代

嵩山少林寺佛像

时，嵩山道教持续发展，虽比唐代逊色，但也是历史上的兴盛时期。经过唐宋两代的大加修整，中岳庙和供奉真宗御容像的崇福宫遂成为宋代嵩山地区道教的两大重观。到明成化八年（1472年），嵩山南麓就有道徒近千人。

3. 佛教

东汉初年佛教正式传入我国，首先在东汉都城洛阳和地处京畿地区的中岳嵩山一带流传，并逐渐向全国传播。相传在永平十年（67年）汉明帝梦见一个金人：身高六丈，围绕殿庭飞来飞去，头顶发着白光。第二天早上，汉明帝询问众位大臣，博士傅毅说：天竺有名叫"佛"的神，和陛下梦见的金人一样。明帝听了这些话，信以为真。于是便派遣蔡　、秦景、王遵等十多人出使天竺、拜取佛法。他们到达大月氏国，正好遇到在当地传教的天竺高僧摄摩腾、竺法兰。永平十年，汉使梵僧用白马驮载佛经、佛像，跋山涉水，回到了洛阳。汉明帝请二位高僧暂时下榻在鸿胪寺（负责外交事务的官署）。第二年，明帝决定在洛阳城西修建僧院，这就是后来著名的白马寺。《理惑论》《冥祥记》《后汉记》《高僧传》《洛阳伽蓝记》《魏书》等史料中都有记载。永

嵩山少林寺藏经阁

嵩山大法王寺远景

平十四年 (71 年)，明帝下令，在嵩山玉柱峰下，为迦叶摩腾、竺法兰建造大法王寺。同时，明帝刘庄为了使佛教在中国得以传播，特许阳城侯 (今登封告成) 刘峻落发出家。从此佛教从郑州嵩山一带逐渐向全国传播开来。

作为佛教名山，嵩山的佛教文化丰富而灿烂，大小寺院星罗棋布。创建于东汉时期的法王寺是我国最早的佛教寺院之一。少林寺是北魏孝文帝元宏命令建造，印度僧人跋跎在郑州嵩山一带传教。由于印度高僧菩提达摩

嵩山大法王寺远景

嵩山大法王寺近景

嵩岳寺塔

在这里首传禅宗，后来禅宗发展成为佛教中的重要宗派，所以，少林寺被称为禅宗祖庭。禅宗祖师达摩在传教过程中留下了"一苇渡江""面壁九年"的千古传说，创立了"明心见性，一切皆空"的修道禅法。其他著名佛寺有北魏会善寺、嵩岳寺、永泰寺、金清凉寺等等。嵩山的佛教寺院不仅传承和发展了佛教，在建筑艺术、碑刻艺术、书法艺术、绘画艺术等方面留下了众多的文化精品，积淀了深厚的佛教文化内涵，这也是郑州的一笔宝贵的文化财富。

郑州佛教文化艺术遗存中最突出的是数量众多、造型各异、历史悠久的古塔群。嵩岳寺塔位于郑州登封市嵩山南麓峻极峰下嵩岳寺内，始建于北魏正光四年（523 年），塔顶重修于唐代，它是我国现存年代最早的密檐式砖塔，也是唯一的一座十二边形塔。嵩岳寺塔高 40 余米，由基台、塔身、密檐和塔刹四部分组成，各塔层之间均有壶门、窗棂、雕兽等，精巧独特，雄伟壮观，形制独特；法王寺舍利塔始建于隋文帝仁寿二年（602 年），为四角抛物线型的正方形舍利塔，高 15 层，约 40 米；永泰寺佛塔，建造于唐代，为单层十三级密檐叠涩式砖塔，平面呈方形，塔基底边长 5.05 米，塔高 37.6 米；会善寺唐代净藏禅师塔建于唐大宝五年(746年)，平面八角形，重檐亭阁式，是禅宗名僧净藏禅师的墓塔，它是我国现存最古的八角形砖塔；少林寺塔林有唐、宋、金、元、明、清各代的砖石墓塔二百余座。郑州嵩山地区的古代佛塔群落是研究我国古代砖石建筑

少林寺塔林

《北齐造像碑》

和雕刻艺术的珍贵材料。

集碑刻、书法、绘画艺术于一体的刘碑寺造像碑,刻立于北齐宣帝天保元年(550年),碑高3.17米,宽1.46米,厚0.45米。碑首雕有盘龙6条,下面刻有一大佛像,碑的正面刻有造像43个,碑座前后有12个浮雕武士图,后面为线雕射猎图,画面生动。刘碑寺造像碑雕刻工艺精美,碑后题名书法为正楷和隶书,遒劲有力,体现出北齐时我国金石艺术的熟练程度。会善寺《中岳嵩阳寺碑》刻于东魏孝静帝天平二年。碑首雕有盘龙、佛像,其雕工之精,线条之美,布局结构之匀称,为古代石刻所罕见。少林寺现存碑刻300多块，比较有名的碑刻有《大唐天后御制诗书碑》《乾隆御碑》《三教圣像碑》以及宋代四大书法家的碑刻、明朝书法家董其昌撰文并书丹的《道公禅师碑》等，这些碑刻在书法和雕刻艺术上都有很高的造诣。会善寺《北齐造像碑》《唐代宗教牒戒》碑，《道安禅师》碑，唐颜真卿《天中山》碑，永泰寺《大唐中岳永泰寺》碑，唐高岑的《佛顶尊圣陀罗尼咒》，宋蔡京的《面壁之塔》，元东亨画的《达摩像仁宗皇帝赞》，清《达摩面壁图》，唐《皇唐嵩岳少林寺》碑等等也是郑州深厚历史的重要组成部分。

刘碑寺造像碑

（三）天文文化

公元前1046年，经过牧野大战，周武王姬发彻底击败了殷纣王，翻开了中华民族历史的新一页。为了感谢冥冥之中帮助自己取得胜利的天神，周武王准备大规模祭祀天神。在当时人看来，日、月、星、辰就是上天的所在，上天能生风、云、雷、电，上天就是神。根据《周易》记载："天在山中。"但是面对天下芸芸众山，天神究竟住在哪座山中呢? 这时候, 周人想到郑州嵩山地区曾长期做过夏商两代的王都, 又处于中原腹地, 普天中心, 于是, 他们就虔诚地认为天神就居住在嵩山之巅, 那里就是"天室"。所以, 周武王在灭商后的第十二天, 便离开朝歌, 来到嵩山的最高峰——"太室山", 进行盛大的封禅典礼——也是大周朝的开国大典。

周成王即位后, 摄政的周公旦开始了我国历史上第一次大规模的天文测量活动。在全国设置五处观测点, 以颍川阳城(今河南郑州市登封县告成乡)为中表, 开始筑土圭、立木表, 测量日影。通过记录观测地日影的变化, 然后

嵩山太室山

嵩山观星台

根据每天日中日影的长短，找出季节的变化规律。根据这些观测记录，周公把表影最长的那天定为"冬至"，表影最短的那天定为"夏至"；把一年中日影长度相等的那两天，分别定为"春分"与"秋分"。后来逐步总结出二十四节气，用来服务于农业生产等活动。

关于周公旦的天文测量活动还有一个与周朝迁都有关的传说。西周朝首都原本在镐京（今陕西省西安市），地处偏僻，交通不便，而阳城地处中原，物产丰富，文化发达，所以摄政的周公旦就想迁都中原。当时占卜星术非常盛行，为了说出迁都的道理，

僧一行塑像

周公旦就提出了阳城位于"中原"的理论，也就是处于天下九州的中心。《周礼》有这样的记载："日至之景，尺有五寸，谓之地中，天地之所合也，四时之所交也，风雨之所会也，阳阴之所合也，然则百物阜安，乃建王国焉。"在古代，"天圆地方"的说法比较流行，认为地球南北长三万里。通过与八尺表测量出来的日影长对照，认定"影长一寸，地差千里"。周公利用圭表之法"测土深、正日景、求地中、验四时"，发现登封阳城夏至时表影长一尺五寸，恰在地球南北的中心点上，于是就认定这里为天地、宇宙的中心。随后周公旦就派遣太保召公去距离阳城一百多里的洛邑观察地形，并亲自去洛邑开始营建新都城。周公旦证得阳城是天地的中心地区，于是中原地区就被称为中国，豫州被称为中州，华夏民族被称为中华。中国、中华、中州、中原、中岳、中土、中央、中天等词语中的"中"字也都由此而来。连河南方言也不说"好不好""行不行"，而说"中不中"。

唐朝开元九年（721 年），因为根据当时所使用的历法所推算的日食多次出现错误，唐玄宗便让著名的天文学家僧一行根据前代的各种历法，修改编纂新的历法。在开元十二年（724 年），僧一行组织了一次规模空前的天文测量活动，以郑州登封阳城为中心观测点，并根据实地测量结果，编成了《大衍历》。

元世祖至元十三年（1276 年），忽必烈任用著名的科学家郭守敬、王恂等人进行大规模的天文观测活动，以改进、修订历法。在修改历法的初期，郭守敬就敏锐地首先提出实际观测是整个历法修改工作的基础，集中精力研制新的天文观测仪器。郭守敬先后创制了简仪、高表、仰仪、景符等十八种天文仪器，而位于郑州登封阳城的观星台实际上就是郭守敬创建并改进的高表。郭守敬曾亲自在登封阳城主持观测，得出了阳城"北极出地三十四度太弱"（"太弱"是古代一度的十二分之八）的结论。

观星台由台身和石圭组成，台身形状似覆斗，系砖石混合结构，台高 9.46 米，加上台顶的小房通高 12.62 米，台上方每边宽 8 米，底边每边长 16 米。台顶各边砌有女儿墙，台上放

俯瞰观星台

杜甫塑像

有天文仪器，用来观测天象。北壁正中有一直立的凹槽，正对量天尺。量天尺又称石圭，以三十六块青石平铺而成，全长 31.19 米，合元朝钦天监表尺一百二十八尺，宽四尺五寸，厚一尺四寸，石圭南头有注水池，北有排水孔。观星台是我国目前现存最古老的天文建筑，距今已有七百多年的历史，它反映了我国古代天文科学发展的卓越成就。

（四）诗歌文化

唐诗是我国诗歌发展史上的一座高峰，在灿若繁星的唐代诗人中，李白、杜甫、白居易这三位大诗人最为具有代表性，其中杜

杜甫墓

甫和白居易的故乡就是郑州。

诗圣杜甫的故里就位于郑州巩义市区东 10 公里的站街镇南窑湾村的笔架山下。他的《春望》诗中的名句"烽火连三月，家书抵万金"，被后世广泛传诵。巩义笔架山下，杜甫故里纪念馆陈列了他的生平事迹与一些诗作。白居易的故里在郑州新郑东郭宅。白居易小时候就聪明好学，16 岁时就写出了"野火烧不尽，春风吹又生"的千古佳句。白居易在文学上积极提倡新乐府运动，他写的《秦中吟》和《新乐府》中的许多篇章，都是人们所喜闻乐见的著名诗篇。北宋建都开封，而北宋的历朝皇帝陵墓却在郑州境内的巩义。

历史上关于郑州的诗词不计其数，其中不乏诗词名家的作品。

王维的《宿郑州》通过夜宿郑州的所见所闻所思，用白描的手法极有层次地写出了郑州农家的田园耕稼生活。

朝与周人辞，暮投郑人宿。

王维塑像

白居易塑像

他乡绝俦侣，孤客亲僮仆。

宛洛望不见，秋霖晦平陆。

田父草际归，村童雨中牧。

主人东皋上，时稼绕茅屋。

虫思机杼悲，雀喧禾黍熟。

明当渡京水，昨晚犹金谷。

此去欲何言，穷边徇微禄。

白居易的《宿荥阳》描述了诗人重回故地的种种感慨。

生长在荥阳，少小辞乡曲。

迢迢四十载，复向荥阳宿。

去时十一二，今年五十六。

追思儿戏时，宛然犹在目。

旧居失处所，故里无宗族。

岂唯变市朝，兼亦迁陵谷。

独有溱洧水，无情依旧绿。

李商隐在《夕阳楼》中借重登位于郑州市内老城西的夕阳楼抒发了自己孤苦无依、形单影只的凄凉心境。

花明柳暗绕天愁，上尽重城更上楼。

欲问孤鸿向何处？不知身世自悠悠。

苏轼的《辛丑十一月十九日既与子由别于郑州西门之外马上赋诗一篇寄之》描述了苏轼兄弟在郑州西门外（今郑州二七广场一带）告别的情景。

不饮胡为醉兀兀，此心已逐归鞍发。

归人犹自念庭帏，今我何以慰寂寞！

登高回首坡垅隔，但见乌帽出复没。

苦寒念尔衣裳薄，独骑瘦马踏残月。

路人行歌居人乐，僮仆怪我苦凄恻。

亦知人生要有别，但恐岁月去飘忽。

寒灯相对忆畴昔，夜雨何时听萧瑟。

君知此意不可忘，慎勿苦爱高官职。

清末社会改良派领袖康有为也留下了许多有关郑州的诗作：

游少林寺

山寒日不出，积雪满松枝。

杲杲少林寺，僧房烟火迟。

人归兵去后，泪堕客来时。

徙倚娑罗树，留诗约后期。

岳雪初霁夜登嵩阳楼

吾爱孟浩然，夜静清诗发。

少林寺佛像

积雪堆青天，开楼醉寒月。

嵩阳楼

山县关城早，天寒日暮愁。

夕晖千仞雪，吾爱嵩阳楼。

日出松石上，诗清情复幽。

后人今不见，应共忆斯游。

投宿嵩山白鹤观

行行青冥里，暮扣翠微窟。

柴门松萝深，踏响空山月。

夜宿逍遥谷石窟

乱石青天里，悬崖枕藉时。

仙人原有宅，醉语亦成诗。

夜静听崩雪，山空闻折枝。

平明出谷口，险尽尚惊疑。

登万岁峰午憩嵩阳书院

行行积雪里，渐入浮云端。

前路青天近，冷冷诗骨寒。

三呼犹响谷，万岁已无坛。

古柏双株在，将军是汉官。

当代作家、诗人、历史学家、剧作家、考古学家、

郭沫若像

古文字学家、社会活动家郭沫若生平著述甚丰，《沫若文集》中收入了很多有关郑州的诗作。

巍巍中岳庙

颂郑州

郑州又是一殷墟，疑本仲丁之所都。

地下古城深且厚，墓中遗物富而殊。

佳肴仍有黄河鲤，贞骨今看商代书。

最爱市西新建地，工厂林立接天衢。

访花园口

来看花园决口处，方知蒋祸倍长沙。

居民百万成鱼鳖，国民一夫迈虺蛇。

今日山山储水土，大堤处处植松翠。

东风渠上舒长望，已伏黄花护我华。

少林寺息庵碑

息庵碑是邵元文，求法来唐不让仁。

愿作典型千万代，相师相学倍相亲。

少林寺照公塔铭

邵元撰写照公塔，仿佛唐僧留印年。

花落花开沤起灭，何缘哀痛着陈言。

陈毅（1901—1972），中国无产阶级革命家、军事家，中华人民共和国元帅。著有《陈毅诗稿》

《陈毅诗词选集》。

中岳庙

巍巍中岳庙，少小即知名。今日亲观览，荒凉满目陈。位于斜坡上，四周无泉林。虽有汉古柏，稀疏不成群。一览已无余，建筑乏艺能。应怪帝与王，仅为媚山神。与之言文采，岂不笑死人？而今世势变，公社大风行。改造旧社会，革命永不停。战胜大自然，万世开太平。

（五）英雄文化

郑州人杰地灵，人文荟萃，引无数英雄竞折腰，令文人墨客流连忘返。

1. 黄帝

黄帝是五帝之首，中华民族的文化始祖。在5000年前的仰韶文化时期（新石器时代中晚期），在中原的新郑（今郑州新郑）一带居住着一个以熊为图腾的有熊氏部落，黄帝便是有熊国君少典的儿子。因为黄帝出生并长期居住在有熊国的轩辕之丘（今郑州新郑市区北关），所以取名轩辕，又因成长在有熊国的姬水流域，改姓姬，因而名叫姬轩辕。

轩辕黄帝像

在当时，黄河中下游各个部族为了争夺土地、财物和人口不断发生争斗。居住在陈丘（今河南淮阳）的神农氏部落已经走向了衰落，无力控制这种纷乱的局面。轩辕实行新政，励精图治，整饬军队，最终实现了这一地区的统一，成为新的领导者。

神农炎帝不想放弃自己的领导地位，就向轩辕的部落进行讨伐。结果轩辕率有熊部落军队，联合其他部落，经过三次激烈的交战，打败了炎帝，同炎帝部族结为联盟。不久，居住在今山东济水一带的九黎族部落崛起，首领为蚩尤。他们看到中原地区水肥草厚，便向中原扩张，攻打炎帝。神农炎帝不能够打败蚩尤，就请求轩辕征讨蚩尤。轩辕倾有熊国兵力，联合炎帝及其他部落，开向涿鹿，造指南车寻找方向，破蚩尤的大雾，按照风后的《握奇经》摆下了八阵，经"五十二战"终于擒杀蚩尤。

从此，轩辕定都有熊，建立了中华民族历史上的第一都。四方诸侯尊轩辕为天子，取代神农氏，是为黄帝。此时，黄帝所辖区域东至

大禹塑像

大禹陵

渤海，西达陇右，南到长江，北抵燕山，初步奠定了中华民族的版图。黄帝创造了文字，制造舟车，研制器物，养蚕缫丝，制作衣裳，研讨医药，修建宫室，播种五谷，繁养禽兽。由于黄帝的巨大贡献，他被尊奉为中华民族的人文始祖。

2. 大禹

大禹，姒姓，名文命，夏后氏的首领。传说大禹是颛顼帝的曾孙，他的父亲名鲧，母亲为有莘氏女修己。相传大禹治黄河水患有功，因此舜禅让帝位给大禹。他是我国传说时代与尧、舜齐名的贤圣帝王，他最卓著的功绩，就是被后世广为传颂的治理滔天洪水，又划定中国国土为九州。

古代中原洪水泛滥，百姓因此困苦不堪。大禹的父亲鲧受命治理水患，用了九年时间，一点成绩也没有，最后在羽山被处死。大禹受命继续治理水患。大禹视察河道，并分析父亲治理水患失败的原因，决定改变治水的方法，变堵截为疏导，亲自翻山越岭，树立标杆，规划水道。他带领治水的群众，走遍各地，根据标杆，逢山开山，遇洼筑堤，以疏通水道，引洪水入海。禹为了治水，费尽脑筋，不怕劳苦，从来不敢休息。他与妻子新婚不久，就又踏上了治水的道路。后来，他路过自己的家门口，听到妻子生产，儿子呱呱坠地的声音，都坚持没有走进家门去看看自己的亲人。等到第三次经过自己家门口的时候，他的儿子启正被抱在母亲的怀里，他已经懂得叫爸爸，并和大禹打招呼，而大禹也只是向妻儿挥了挥手，表示自己看到他们了，还是没有停下来。这便是被后世传为美谈的"大禹三过家门不入"。

3. 管仲

管仲塑像

管仲(约公元前723年—公元前645年)，汉族，名夷吾，又名敬仲，字仲，春秋时期齐国著名的政治家、军事家，颍水上源（今郑州登封县境内）人。管仲自幼丧父，与母亲相依为命，生活十分贫苦。为了维持生计，他与鲍叔牙合伙经商后从军，到齐国，几经

管仲墓

曲折，经鲍叔牙力荐，为齐国上卿（即丞相），被称为"春秋第一相"，辅佐齐桓公成为春秋时期的第一霸主。

在我国，人们常常用"管鲍之交"来形容自己与好朋友之间亲密无间、彼此信任的关系。

"管鲍"，是指公元前7世纪春秋时期的政治家管仲和鲍叔牙，他们俩是好朋友。管仲家境比较贫苦，而鲍叔牙家境比较富有，但是他们之间彼此了解、相互信任。年轻时，管仲与鲍叔牙一起做生意，赚了钱分账时，管仲总是多拿一些。大家因此都很生气，鲍叔牙却说："管仲不是一个贪图小便宜的人，他多拿是因为家里穷，我是心甘情愿让他多拿的。"

管仲纪念馆

后来，管仲参了军，每次打仗都缩在最后面，撤退时又跑在最前面，别人都骂他是个胆小鬼，只有鲍叔牙说："因为管仲有老母亲需要他赡养。"管仲听了这些话，十分感动，从此以后，他们俩结成了生死之交。

后来，管仲和鲍叔牙都从政了。当时齐国政局很乱，各位公子纷纷逃到别的国家躲避。管仲辅佐居住在鲁国的公子纠，而鲍叔牙则在莒国侍奉公子小白。不久，齐国发生暴乱，国君被杀死。公子纠和公子小白急忙动身赶往齐国争夺王位。两支队伍在回齐国的路上不期而遇，管仲向公子小白射了一箭，结果没有伤到公子小白。后来，公子小白当上了齐国国君，这就是历史上的"齐桓公"。

齐桓公把公子纠杀死，并把管仲也囚禁起来。齐桓公想让鲍叔牙当丞相，帮他治理国家。鲍叔牙却大力举荐管仲，他说："治理国家，我不如管仲。管仲宽厚仁慈，忠实诚信，能制定规范的国家制度，还善于指挥军队。这都是我不具备的，所以陛下要想治理好国家，就只能请管仲当丞相。"齐桓公起初并不同意，他说："管仲当初射我一箭，差点把我害死，我不杀他就算好了，怎么还能让他当丞相？"不过齐桓公最终被鲍叔牙说服了，把管仲接回齐国，并任命他当了齐国的丞相，而鲍叔牙却甘心做管仲的助手。在管仲和鲍叔牙的通力合作下，齐国成为诸侯国中最强大的国家，齐桓公成为诸侯王中的霸主。

鲍叔牙死后，管仲在他的墓前大哭不止，想起鲍叔牙对他的理解和支持，他感叹说："生我养我的是父母，但是真正了解我的却是鲍

鲍叔牙塑像

叔牙啊！"管仲和鲍叔牙之间深厚的友情，已成为中国代代流传的佳话。

4. 弦高

弦高是春秋战国时期郑国的一位商人，经常来往于各国之间做生意。鲁僖公三十三年（公元前627年），他去周王室辖地经商，途中遇到秦国军队，当他得知秦军要去袭击他的祖国郑国时，便一面派人急速回国报告敌情，一面伪装成郑国国君的特使，以12头牛作为礼物，犒劳秦军。秦军以为郑国已经知道偷袭之事，只好班师返回。郑国避免了一次亡国的命运。当郑国君主要奖赏弦高时，他却婉言谢绝了："作为商人，忠于国家是理所当然的，如果受奖，岂不是把我当做外人了吗？"

子产画像

5. 子产

子产，姓公孙，名侨，字子产，春秋时期郑国（今郑州新郑）人，著名的政治家和思想家。子产出任郑国卿后，实行一系列政治改革，承认私田的合法性，向土

郑州金水河

地私有者征收军赋；把刑书铸造在铜鼎上，是我国历史上最早的成文法律。由于子产善于用人，并采用正确的治国方略，将郑国治理得井井有条。

每一个美丽的城市，都有一条河或江穿城而过。江河的滔滔流水和说不尽的故事提升了城市品位，增加了城市的魅力。郑州也有一条河，它和北京天安门前的那条河的名字一字不差——金水河。传说子产一生操劳治理国家，廉洁奉公，家里没多少积蓄，死后连丧事都办不起，但临终时还惦记着国计民生，嘱咐儿子说："我生不贪民财，死不占民地，可把我埋在陉山顶上。"由于子产勤政爱民,深受人民的拥戴。郑国的老百姓听说后,纷纷献出各自的珠宝首饰。子产的儿子秉承父亲遗志坚决不收,最后一位老人说:"既然不收,我们就把这些金银珠宝送到他的封地倒进河里,俗话说:'肝胆照日月,江河流不息。'就让子产的恩德和我们对他的怀念像河水东流一样,流芳百代吧。"大家将金银珠宝全部扔进河里,只见河水顿时金光闪闪,成了一条金色的河,从此这条河便得名"金水河"。

6. 列子

列子,东周威烈王时期郑国圃田人。战国时期著名的思想家、寓言家和文学家。唐玄宗于天宝年间诏封列子为"冲虚真人"。

庄子在《逍遥游》中记述:"夫列子御风而行,泠然善也,旬有五日而后反。彼于致福者,未数数然也。此虽免乎行,犹有所待者也。"意思是说列子能驾风行走,那样子实在轻盈美好,而且十五天后方才返回。列子对于寻求幸福,从来没有急急忙忙的样

《庄子》正文(局部)

子。他这样做虽然免除了行走的劳苦，可还是有所依凭。

列子一生安于贫寒，不求名利，不进官场，隐居郑地四十年，潜心著述二十篇，约十万多字。现在流传的《列子》一书，其中《愚公移山》《纪昌学射》等脍炙人口的寓言故事，可谓家喻户晓，广为流传。

7. 韩非

韩非，也称韩非子（约公元前280—公元前233年），战国末期韩国人（今郑州市新郑人），韩王室诸公子之一，《史记》记载，韩非精于"刑名法术之学"，与秦相李斯都是荀子的学生。韩非因为口吃而不善言谈，但文章出众，连李斯也自叹不如。他的著作很多，主要收集在《韩非子》一书中。韩非是战国末期带有唯物主义色彩的哲学家，法家思想的集大成者。他把荀子著作传到秦国，得到秦王嬴政的赏识。后为秦臣李斯、姚贾陷害下狱，被迫自杀。他的著作保存在《韩非子》一书中。韩非哲学思想的最高范畴是道。他对老子道的概念进行了改造

韩非子像

使其具有客观物质性的内容。认为道是天地万物发生、发展的根据，它又体现在各种事物之中，制约着自然四时与社会人事，是体现在客观事物产生、发展和消亡过程中的客观规律。韩非同时也强调发挥人的主观能动性，主张改造、利用自然为人类服务。

陈胜吴广起义塑像

8．陈胜

陈胜（公元前190—公元前208年），字涉，阳城（今郑州市登封县告成镇）人。陈胜年轻时就是个有志气的人。他出身雇农，从小就给地主做长工，深受统治阶级的压迫和剥削，逐渐产生了反抗压迫、变革现实的想法，并立志要干出一番大事业。

陈胜生活在秦王朝统治非常残暴的时期，社会阶级矛盾严重。陈胜不甘心一辈子受人奴役，他对一起耕田的伙伴们说："苟富贵，毋相忘。"意思是说以后如果大家有谁富贵了，可别忘了一块吃苦受累的穷兄弟们。大伙听了都觉得好笑："咱们就是卖力气给人家种田的命，哪儿来的富贵啊？"陈

秦二世胡亥陵

胜听了叹息道："燕雀安知鸿鹄之志哉！"（《史记·陈涉世家》）此后这句话就用来比喻平凡的人怎么能够知道英雄人物的志向。

秦二世元年（公元前209年）七月，秦王朝大规模征兵去守卫渔阳边境（今北京市密云西南），陈胜也被征去，并被任命为带队的队长。他和其他九百名穷苦农民在两名秦朝官吏的押送下，日夜兼程赶往渔阳。当队伍走到蕲县大泽乡（今安徽宿州西寺坡乡）时，接连遇到大雨，道路被洪水冲毁，无法通行。大伙眼看无法按时到达渔阳，急得像热锅上的蚂蚁。因为按照秦朝当时的法律规定，凡是被征兵去守卫边境的人，如果不能按时到达

秦二世胡亥陵一景

指定的地点，一律要被处斩。

在这生死存亡的危急时刻，陈胜决定发动起义。当天夜里，陈胜悄悄找到另一位队长吴广商量。吴广，阳夏(今河南太康)人，也是穷苦出身，他们二人虽然认识没有多长时间，但已经是无话不谈的好朋友了。陈胜对吴广说："我们从这里到渔阳还要走上千里的路，肯定不能按时到达渔阳了，我们现在去渔阳就是去送死，如果现在逃跑被抓回来也是被杀死，反正都是死，还不如干一番大事业呢！"陈胜接着说："天下的老百姓现在已经是难以忍受秦王朝的苛捐赋税、募役刑罚了。我听说二世皇帝胡亥是秦始皇的小儿子，本不应该他来做皇帝，应该继承皇位的是秦始皇的大儿子扶苏。扶苏仁义贤达，却被不明不白地杀害了。还有一位名人叫项燕，他曾是楚国的名将，立了很多战功，又爱护自己的部下，深受将士的爱戴。现在老百姓并不知道这两个人是生是死，我们可以以他们的名义号召天下人行动起来反抗秦朝的暴政。"吴广很佩服陈胜的胆略，觉得他的主意符合当时的人心，完全支持陈胜发动起义的决定。

古时候盛行利用算卦来预测吉凶的习俗，陈胜和吴广决定利用人们这种心理来让大家相信起义是上天的意思，不可违背。因此，他们俩专门找了一个算卦的人预测这次行动的吉凶。这个算卦的人知道了他们俩的用意，便说："你们的事业肯定成功，而且能为天下的老百姓立下大功。"接着，他们用朱砂在一块丝绸做成的手帕上写了"陈胜王"三个大字，塞到渔民捕来的鱼肚子里。和他们一起被征兵去守卫边境的人买鱼回来吃，

扶苏墓

发现了鱼腹中的"丹书"，都觉得奇怪。与此同时，陈胜又让吴广潜伏到营地附近一座荒庙里，半夜里点燃篝火，模仿狐狸声音，大声呼喊"大楚兴，陈胜王！"正在睡梦中的人们被惊醒，十分惊恐害怕。第二天人们交头接耳，都指指点点地看着陈胜。加上陈胜平时就待人热情和气，现在又把陈胜和楚国复兴联系在一起，陈胜在人们心中的威望就更高了。

陈胜见时机基本成熟，就让吴广故意扬言逃跑，以激怒押送他们去守卫边境的秦朝官吏。喝得醉醺醺的两个官吏果然大怒，责骂和鞭打吴广，引起大家的不满，纷纷进行阻止。吴广也趁机夺下一名官吏的佩剑并把他杀死，陈胜也乘势杀了另一名官吏。

随后，陈胜把这九百名去守边的人召集在一起，大声说道："各位，我们在这里遇上了大雨，已不能按时抵达渔阳了，因为误期我们大家都要被杀。'王侯将相，宁有种乎？'"（《史记·陈涉世家》）就是说那些有

张良塑像

权力高贵的人，难道都是生来就有的吗？陈胜这番话，说出了大伙的心声，人们对秦王朝的满腔怨恨和愤怒如同冲溃了堤坝的洪水奔泻而出，齐声高呼："我们愿意听从您的号令！"于是大伙在陈胜、吴广带领下，袒露右臂作为标志，筑坛盟誓，按事先的计划进行起义，并假借公子扶苏、楚将项燕之名，宣布起义。陈胜自立为将军，以吴广为都尉，一举攻下大泽乡，接着又迅速攻下蕲县县城。中国历史上第一次大规模的农民起义战争就这样爆发了。

9. 张良

张良（约公元前 251—公元前 186 年），字子房，汉初三杰之一，战国晚期韩国人（今郑州新郑）。

张良的祖上原本是韩国的贵族。秦国灭掉韩国后，他想恢复韩国，因此结交刺客，在博浪沙（在河南原阳东南）狙击秦始皇未遂，逃亡到下邳（今江苏睢宁北）。秦末农民起义中，张良投奔刘邦。楚汉战

刘邦画像

咸阳古城

争期间，提出不立六国后代，联合英布、彭越，重用韩信等策略，又主张追击项羽，歼灭楚军；鸿门宴上帮助刘邦脱离险境；"为汉王请汉中地"；在楚汉战争中张良出谋划策，帮助刘邦取得胜利。汉朝建立后，张良被封留侯。当他看到刘邦重用原来跟随自己的亲近，而诛杀那些以前和自己有过节的人，力谏刘邦不要计较以前的恩怨。刘邦曾赞其"运筹帷幄之中，决胜于千里外"。

相传当年，刘邦大军进入咸阳，看到那些豪华的宫殿、美貌的宫女和大量的金银珠宝，以为可以尽享天下富贵了。连刘邦自己也情不自禁想留居在宫中，安享富贵。武将樊哙冒死直斥刘邦"要做富家翁"。然而，刘邦根本没有理会。就在这时，张良向刘邦分析了利害，劝说刘邦："秦王多做不义的事，所以您才能推翻他而进入咸阳。既然您已经为天下人铲除了祸害，就应该布衣素食，勤俭节约。现在大军刚到秦地，您就沉溺在享乐中，这就是所谓的助纣为虐了。

常言道：良药苦口利于病，忠言逆耳利于行，樊哙等人的话也是很有道理的。"张良语气平和，但软中有硬，有理有据，尤其是话中隐含了古今成败的道理以及"助桀为虐"等字眼，隐隐地刺痛了刘邦近乎沉醉的心。这种紧打慢唱的手法，果然奏效。刘邦愉快地接受了张良这卓有远见的规劝，下令封存秦朝宫中的珠宝、府库、财物，并让整个军队撤离到霸上驻扎，整治军队，等待项羽等其他起义军。在此期间，刘邦还采纳张良建议，召集诸县父老乡亲，和他们约法三章："凡是杀人的要被判处死刑，打伤人的和偷盗的，也要得到相应的刑罚。"并通告四方："全部废除秦朝的严酷法律，原来秦朝的各位官吏还要负责好自己的工作。我们这次入城不是要烧杀抢掠，大家不要恐慌。"另外，还派人与原来的秦朝官吏一起走访各地，让老百姓明白这个通告的意思。刘邦的军队得到了老百姓的一致拥戴，他们争先恐后用牛羊酒食去慰劳军士。刘邦见状，又命

刘邦塑像

令军士不要接受老百姓的礼物，说："军中粮食已经很充足了，不要劳民伤财了。"老百姓听了这些话就更加拥护刘邦了。张良的这些安民建议，帮助刘邦争得了民心，为刘邦日后经营关中，并以此为根据地与项羽争雄天下，奠定了良好的政治基础。

10. 杜甫

杜甫（712—770），字子美，自号少陵野老，后人称杜少陵、杜工部等。我国唐代伟大的现实主义诗人，人称"诗圣"。一生写诗一千四百多首。杜甫生于河南巩县（今郑州巩义市）。祖辈有晋代功名显赫的杜预、初唐诗人杜审言等。唐肃宗时，杜甫担任左拾遗（官职）。后来杜甫到达四川，友人严武推荐他做剑南节度府参谋，加检校工部员外郎。所以人们又称杜甫为杜拾遗、杜工部。

杜甫草堂杜甫像

杜甫生活在唐朝由盛转衰的历史时期，他的诗多展现社会动荡、政治黑暗、人民疾苦，被誉为"诗史"。杜甫忧国忧民，人格高尚，被人们奉为"诗圣"。杜甫善于运用古典诗歌

杜甫草堂

体制，并加以创造性地发挥。他是新乐府诗体的开路人。他的乐府诗，促成了中唐时期新乐府运动的发展。他的五七古长篇，诗史结合，相互映衬，标志着我国诗歌艺术的高度成就。杜甫在五七律上也表现出显著的创造性，积累了关于声律、对仗、炼字炼句等完整的艺术经验，使这一体裁达到完全成熟的阶段。

杜甫和李白齐名，世称"大李杜"（"小李杜"为李商隐和杜牧）。他热爱生活，热爱人民，热爱祖国的大好河山。他嫉恶如仇，对朝廷的腐败、社会生活中的黑暗现象

白居易像

都给予批评和揭露。所以他的诗歌创作，始终贯穿着忧国忧民这条主线。"三吏""三别"是杜甫现实主义诗歌的杰作。它真实地描写了特定环境下的县吏、关吏、老妇、老翁、新娘、征夫等人的思想、感情、行动、语言，生动地反映了那个时期的社会现实和广大劳动人民深重的灾难和痛苦，展示给人们一幕幕凄惨的人生悲剧。在这些人生苦难的描述中展开了一幅广阔的社会生活画卷。

11. 白居易

白居易（772—846），中唐著名诗人，字乐天，号香山居士。白居易的祖父白湟曾任巩县（今河南郑州巩义）县令，与当时的新郑（今河南郑州新郑）县令是好友。白居易的祖父见新郑山川秀美，民风淳朴，十分喜爱，就举家迁到新郑城西的东郭宅村。唐代宗大历七年正月二十日，白居易在东郭宅出生了。武宗会昌六年（846 年）八月，卒于洛阳履道里私第，享年 75 岁。著有《白氏长庆集》七十一卷。

白居易在文学上积极倡导新乐府运动，主张文章"合为时而著，诗歌合为事而作"，写下了不少感叹时世、反映人民疾苦的诗篇，对后世颇有影响。他一生诗作很多，以讽喻诗为最有名，语言通俗易懂。叙事诗中《琵琶行》《长恨歌》等极为有名。

12. 李商隐

李商隐（约812—约858），字义山，号玉溪生、樊南生。晚唐诗人。原籍怀州河内（今河南沁阳市），祖辈迁到荥阳（今郑州荥阳）。诗作文学价值很高，他和杜牧合称"小李杜"，与温庭筠合称为"温李"，与同时期的段成式、温庭筠风格相近。李商隐诗构思新奇，风格浓丽，尤其是一些爱情诗写得缠绵悱恻，为

李商隐墓

人传诵。

李商隐唐文宗开成二年（837年）进士及第。曾任弘农尉、佐幕府、东川节度使判官等职。早期，李商隐因文才而深得牛党要员令狐楚的赏识，后李党的王茂元爱其才将女儿嫁给他，他因此而遭到牛党的排斥。从此，李商隐便在牛李党争的夹缝中求生存，辗转于各藩镇幕僚当幕僚，郁郁不得志，潦倒终身。晚唐唐诗在前辈的光芒照耀下大有山穷水尽的下滑趋势，而李商隐又将唐诗推向了又一次高峰，是晚唐最著名的诗人。

李诚墓

13. 李诚

李诚（1035—1110），字明仲，郑州管城县（今郑州新郑）人。北宋著名建筑师，著有《营造法式》一书。

宋神宗元丰八年（1085年），李诚任官郊社斋郎，后任曹州济阴（今山东省菏泽县）县尉。从哲宗元 七年（1092年）开始在将作监（主管土木建筑工程的机构）供职，前后共达十三年，历任将作监主簿、监丞、少

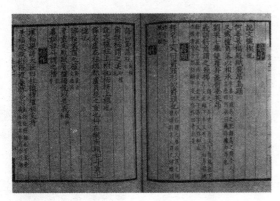

《营造法式》内文

监和将作监，主持营建较大建筑有龙德宫、棣华宅、朱雀门、景龙门、九成殿、开封府廨及太庙。李诫一生除主要在将作监任职外，还一度当过虢州知州，并且很有政绩。

《营造法式》全书正文共 34 卷，正文共有 357 篇，3555 条，其中除解释名词的两卷 283 条外，其余 308 篇、3272 条是来自工匠的实际经验，这些条目占全书的 90% 以上。可以说《营造法式》是我国古代劳动人民建筑方面宝贵经验的总结。

《营造法式》体系严谨，内容丰富，是当时建筑科学技术的一部百科全书。书中几乎包括了当时建筑工程以及和建筑有关的各个方面。它把当时和前代工匠的建筑经验加以

系统化、理论化，是进行建筑工程不可缺少的手册。书中提出了一整套木构架建筑的模数制设计方法。《营造法式》不仅内容十分丰富，而且附有非常珍贵的建筑图样，开创了图文并茂的一代新风。

总之，《营造法式》具有高度的科学价值，它在中国古代建筑史上起着承前启后的作用，对后世的建筑技术的发展产生了深远影响。

在郑州的现代和当代历史上，同样产生了对中国乃至世界有极大影响的社会各界代表人士。如：参与夏、商、周断代工程研究的 21 位科学家之一，被称为"新中国河南考古第一人"的考古学家安金槐；著名通

郑州烩面

讯《谁是最可爱的人》的作者魏巍；爱国艺人常香玉的《花木兰》唱响全国；巫兰英五次获得世界射击锦标赛团体、个人冠军；邓亚萍从1988年至2000年多次参加全国、亚洲、世界乒乓球锦标赛，获得过26次世界冠军，显示了郑州人的拼搏精神；残疾人朱宏艳在世界残疾人奥运会上，一举夺得游泳项目的五块金牌；杂技演员孔红文的"顶功"被定为"国际比赛标准"；歌手李娜一曲《青藏高原》使人永远怀念；著名小提琴演奏家薛伟，成为英国皇家音乐学院最年轻的教授，等等。

（六）饮食文化

1. 郑州烩面

郑州号称"烩面之城"，烩面馆遍布全市的大街小巷。

（1）合记羊肉烩面

合记羊肉烩面是一种荤、素、汤、菜、饭兼而有之的传统风味小吃，以味道鲜美，经济实惠，享誉中原。1994年5月荣获"全国清真名牌风味食品"称号。1997年12月又摘取"中华名小吃"桂冠。

合记羊肉烩面，选用上好鲜羊肉，经反复浸泡后下锅，撇出血沫，放入佐料，将肉煮烂。另用精白面粉，兑入适量盐碱和成软面，经反复揉搓，使其筋韧。下面时，锅内放原汁肉汤，将面拉成薄条入锅，放上羊肉，配以黄花菜、木耳、水粉条。上桌时外带香菜、辣椒油、糖蒜等小碟，其味更鲜。合记烩面严格操作规程，数十年来，坚持一碗一锅，从不懈怠，深受食客青睐，成为郑州有口皆碑的佳肴，外地人也经常慕名前来品尝。

相传，合记羊肉烩面是飞机轰炸出来的美食。抗日战争时期，日军的飞机经常空袭郑州，当时有一位著名厨师叫赵荣光，特别喜欢吃面食。飞机来了，赵师傅就去躲飞机，回来后，就把剩下的面条加点羊肉汤烩烩再吃。久而久之，赵师傅发现重新烩过的面也很好吃，就潜心研究，在里

萧记三鲜烩面

面放些盐、碱，使之更筋，做出的面别有一番风味，后来就成了风靡一时的风味美食。

（2）萧记三鲜烩面

在郑州能与合记比肩抗衡的只有萧记。萧记烩面的创始人萧鸿河原是郑州国营长春饭店做伊府面的师傅，退休后领着两个儿子开起了烩面馆。他没有沿袭传统的羊肉烩面风格，而是从自己拿手的伊府面中找到了灵感，将味道鲜美、营养价值高的海参、鱿鱼加入羊肉烩面中，称之为三鲜烩面。萧记第一次创业时，挂的招牌是"三鲜萧记烩面馆"，随着名气越来越大，招牌改成了"萧记三鲜烩面馆"，而今天其总店的招牌已经改成了"萧记三鲜烩面美食城"。

（3）烩面故事

郑州美食烩面

河南人爱吃面，汤面、捞面、炒面、卤面等，便是勤劳聪慧的河南人创造的。烩面便是其中一种美味小吃。不到长城非好汉，来到河南不吃烩面，那也是很遗憾的。烩面馆，在河南满大街都是，基本上已经是餐馆的代

河南烩面

名词。据传河南烩面是从西安泡馍中演变过来的，西安泡馍清朝年间传到河南，因为河南人不喜欢吃馍而喜欢吃面，就把它演变成了烩面。现在烩面中所喝到的汤都能依稀闻到西安泡馍的味道。

相传唐太宗李世民当皇帝之前，在一个寒冷的冬天得了风寒，正好路过一个回民农院。回民母子俩心地善良，将家养的角似鹿非鹿、头似马非马、身似羊非羊、蹄似牛非牛的四不像，也就是麋鹿，杀了给李世民炖汤喝，又准备和面想做面条为李世民充饿。但是由于后面还有追兵在追赶李世民，情况十分危险，这个回族妇女也只能胡乱地

胡辣汤

把和好的面团扯成条状，然后放入汤锅，煮熟后端给李世民。李世民吃完后，出了一身汗，浑身上下暖洋洋的，不觉精神大振，病情大为好转。由于急于赶路，李世民没有多作停留，谢过这对母子后便骑马离开了。

李世民即位后，整天山珍海味，日子久了，便觉得没什么好滋味了，不由得就想起了吃过的那碗回民母子做的面，想到他们的救命之恩，便派人寻访这对回民母子，想要赏赐他们。苍天不负有心人，李世民终于找到了那对母子。他又命令御厨向老人家拜师学艺。从此，唐宫廷御膳谱上就多了这救命之面——麒麟面。

后来，因为四不像极其稀少，觅猎困难，只得用山羊代替四不像，麒麟面也改称山羊烩面。但是经御厨、御医鉴定其口感滋味和医用价值都不亚于麒麟面，于是羊肉烩面便成为宫廷名膳，长盛不衰。

2．胡辣汤

胡辣汤，是原产河南（分为河南周口市西华县逍遥镇的"逍遥镇胡辣汤"和河南漯河市舞阳县北舞渡镇的"北舞渡胡辣汤"两个流派）的一种汤类小吃。顾名思义，放入了胡椒和辣椒又用骨头汤做底料的胡辣汤又香又辣，已经发展成为每个河南人都喜爱和知晓的小吃之一，一般大早上街头巷尾很多卖胡辣汤的摊子。油饼包子油条加酸辣胡辣汤就是一道美味早餐。

郑州胡辣汤以顺河路胡辣汤为代表，其味道以辣闻名，辣椒与胡椒在汤中呈饱和状态。但是郑州人追求的就是这种味觉极限的感觉，加上油炸的油膜头、油条或肉盒，对于郑州人来讲真是人间美味，也是郑州市民离不开的早点。

胡辣汤

四、美丽动人的历史传说

（一）启母石

在郑州登封嵩山脚下矗立着一块巨大的石头，相传这就是"启母石"。在离"启母石"不远的地方，还立着两根由大块方石头垒成的门柱，上边刻着打猎、农耕的浮雕画。这就是当时大禹的家门口，后人叫"启母阙"。

古代，洪水泛滥。为了使人民过上幸福安康的生活，大禹跑遍了九州四野治理洪水。在嵩山南面，有一条大河叫颍河，颍河经常泛滥。大禹为了把颍河治理好，就在登封西北的轘岭口（也叫轩辕关）一带，凿山治水。他打算把嵩山南面的洪水引进北面的洛河，然后再让它流到黄河里去。

有一天，大禹来到轘岭口附近察看，在他凿山的时候，大禹变成了一只巨大的黑熊。由于大禹每天忙着开山凿石，没有时间回家，就叫妻子涂山氏给他送饭。他为了不让妻子知道自己变熊的事，就跟妻子约定：只要她听见敲鼓的声音就去给他送饭。涂山氏就按照他们的约定办事。每天当她听到敲鼓声时，

启母石

就赶快撑着木筏子，把饭送给大禹。

有一天，大禹在山坡上行走的时候一不留心，脚下踩动了几块石头，这些山石就从山上滚落下来，刚好掉在鼓面上，发出了咚咚的响声。大禹因为走得急，也没有在意，只管上山去了。涂山氏一听到敲鼓声，心里纳闷，今天丈夫为什么吃饭早了呢？大概是特别累，饿得也快了吧！于是，她就赶紧把饭做好，急急忙忙撑着木筏子给大禹送饭去了。

谁知道，当她来到山坡前，左等右等，也不见大禹的人影。她便来到山上寻找大禹，忽然发现有一头大黑熊，正在山下用力凿石推土，开挖河道。涂山氏大吃一惊，心想：自己的丈夫大禹，怎么变成一只大黑熊了呀？一时间，她也不知道怎么办才好，就提起饭篮赶快往家跑。一路上，她又羞又急又气。当她快到家门口时，心里一阵难过，往那里一站，就变成了一块石头。大禹快到中午的时候便来到大鼓前面，敲起鼓

相传大禹书的岣嵝碑，碑文 77 字，记载大禹治水情景

相传大禹治水住过
的大禹洞

来。可是，他敲敲，等等，等等，敲敲，好久也看不见妻子送饭过来。他想，一定是出了事，就赶紧回家去。

大禹回到家里，里里外外找不着妻子，只见家门口的山坡上，多了一块巨大的岩石，旁边还放着饭篮子。大禹这才明白：原来妻子已经变成岩石了。这时，大禹后悔不该把自己变熊的事儿瞒着妻子。他又想：妻子已经怀孕很久了。这一来，可怎么办呢？我没有儿子，谁继续来治水呢？想到这里，他就急匆匆地走到巨石前面，大声喊道："孩子他娘啊！你就这样离开我了吗？你要把儿子交给我呀！"

突然，轰隆一声响，这块巨大的岩石裂开了，跳出了他的儿子。大禹急忙把儿子抱了

大禹像

大禹治水雕塑

大禹陵

起来。后来，这孩子长大了，大禹就给他起名字叫"启"。所以，那块巨石就叫"启母石"。

（二）闹洞房的来历

郑州嵩山一带人们结婚时，亲朋、好友都要闹洞房，据说这还是大禹时传下来的风俗呢。

相传大禹和涂山氏结婚时，惊动了淮河水怪巫支祁。巫支祁父子神通广大，他们就准备当夜暗中捣乱，不想让大禹安度新婚之夜。王母娘娘知道巫支祁父子将要派人前来闹事，就托梦给大禹的部下庚辰、竖亥、黄魔、大翳等人，要他们小心守护洞房，以免发生不测。

大禹和涂山娇从相见到结婚才仅仅四天，第一天纳采与问名，第二天纳吉与纳征，第三天请期，第四天亲迎。大禹的部下竖亥认为时间太过紧急，就建议说："婚姻大事，百年好合，不可草率，应该尊重夫妇之礼，选择一个吉日。"大禹说："结婚选择良辰吉日，自然有道理。但天下的事情有轻有重，我现在身担治理水患的重任，不能在这件事上耽误时间，再说结婚是人生第一大喜事，顺应天理，日子即使不吉利，只要我们问心无愧，也会逢凶化吉，不必再等待了。"竖亥当时虽无话可说，但心想无论如何都不敢掉以轻心。

大禹拜完天地后，就进入了洞房安寝。竖亥为不让更多人知道巫支祁闹事，以免惊扰大家，就陪着其他人员吃喜酒，而让庚辰、黄魔、大翳三人一人拿了一面轩辕宝镜，不住地在洞房之外巡视。到了寅时，果然从西北方向飞出一个夜叉模样的妖精，直扑洞房过来。庚辰对大翳说："你们守在此地，不要走开，也不要惊扰崇伯大禹，我去拿他。"说着手执大戟迎上前去。那妖怪见庚辰到来，虚晃几招，便往后退去，庚辰这时明白自己中了妖怪的调虎离山计，于是就提了戟退回洞房周围，只见大翳正与一个妖魔交战，妖魔败下去后，大翳正要追赶，庚辰连忙说："不要追赶，这是调虎离山之计，想要把我们引开，

大禹故里石碑

大禹神话园雕塑

他们好趁机闹事!"大翳恍然大悟,不再追赶,那妖魔见庚辰说破了他的计策,就退了回去。庚辰问大翳道:"黄魔哪里去了?"大翳说:"追妖精去了。"庚辰说:"他已经上当了,我们两个万万不可离开。"等到卯时,黄魔回来了,还说:"那妖魔可恶,用车轮战法来诱我,但都被我杀散了。"大翳说:"你已经中他的计了,都像你这样,洞房里不出事才怪呢?"黄魔一想也是,后来他们只将妖魔驱散,不再追打,一直守到了天明。竖亥听了晚上发生的事后,认为守护洞房的人太少,就又到治水工地叫来了伯益、狂章、童律等人。

第二天,真窥问竖亥:"昨夜怎么不见庚辰等人吃喜酒?"竖亥就将昨夜发生的事讲述了一遍。庚辰道:"千万不要告诉崇伯,如果让他在新婚燕尔之时和夫人受到惊吓,那可是我们的罪过。"真窥说:"那今天晚上妖魔再来怎么办呢?"竖亥说:"有我们七个保护,不会有什么事情的。"到了夜里,巫支祁见小妖无能,就派三个儿子领了几十个小妖前来挑峅，竖亥就让真窥、童律守洞房，其他人都去迎敌，结果杀死了巫支祁的小儿子和无数小妖，其他妖魔也大败而归。

第三天夜里，恼羞成怒的巫支祁亲自出马，竖亥等七员大将拼死奋战，庚辰用神宵宝剑刺伤了巫支祁，巫支祁才狼狈逃走。这三天晚上发生的事，大禹浑然不知，等到三天过后，竖亥才告诉了他。后来，大禹治理淮水时，就将巫支祁锁在了淮河源头的一口井里。

大禹结婚后，和涂山娇相携回到了家乡嵩山，嵩山一带的人们听说妖魔扰乱大禹洞房的事情后，洞房花烛夜亲朋好友们就来闹洞房，以免妖魔惊扰新郎新娘，这种风

大禹神话园雕塑

相传大禹的老家就在豫州的中岳嵩山一带

俗一直流传到今天。

（三）大禹三过家门而不入

大禹和涂山氏结婚后不久，就将涂山氏带回了老家嵩山一带安居。不想他们刚到家没几天，舜帝就任命大禹为大司空，命令他治理天下的洪水。无奈之下，大禹就告别了年已花甲的老母亲辛夷氏和温柔贤惠的妻子涂山娇。

在治水过程中，大禹走遍了大江南北。豫州当时是天下九州的中心，大禹的老家就在豫州的中岳嵩山一带，大禹无论南来北往，还是东奔西走，都要经过嵩山。但由于治水工程时间紧急，责任重大，大禹虽然牵挂老母亲和妻子，但是没有时间回家看看她们。别说

西北地区的洪水流进了黄河，
水患得到了缓解

是路过嵩山了，就是从家门口经过，他都没有走进自家的门口。这就是被后传为美谈的"大禹三过家门而不入"的故事。

大禹第一次路过家门的时候，正是他准备治理淮河的时候。当时他凿开了雍州的龙门口后，西北一带的洪水流进了黄河，这一带的水患稍微得到了缓解，他就赶紧去东南准备治理淮河。从大禹从嵩山经过时，路过家门口，只见自家的大门敞开着，妻子涂山氏正在院里推磨。大禹发现自己的妻子身形发胖了，原来她已经怀孕了。大禹百感交集，一方面高兴，要当爹了；一方面心酸，妻子挺着大肚子还要干活儿；一方面愧疚，自己不能尽到丈夫的职责。大禹真想下马去

三门峡中流砥柱

帮助她，但转念一想，东南方不知道有多少老百姓还深受洪水之苦呢，于是就扬鞭策马向东南飞驰而去。

第二次路过家门是在一年之后，当他疏通淮河之后，听说三门峡一带又有水怪在兴风作浪，他急急忙忙赶往西北。当他又经过嵩山自己的家门口，大禹远远就看见妻子涂山氏坐在家门口，正在给怀里的孩子喂奶。大禹非常高兴，在自己的内心不停地大喊："我当爹了！我当爹了！"大禹真想走上前去抱一抱自己的儿子。可是三门峡荒山野岭里孤儿们哭爹喊娘的声音让他停止了这种想法。于是，他一扭脸，又策马向西北跑去。

第三次路过家门是在大禹治理好三门峡后。他在三门岛上劈开三门，在黄河中心凿下了中流砥柱，降服了黄河水怪，使洪水沿着黄河归入大海。他刚刚舒了一口气，突然又听到南方荆水暴涨的消息。他又骑马跃上嵩山，观看远方的水情，这次正好又路过家门。他看到白发苍苍的老母亲拄着拐杖站在家门口张望，似乎在等待他的归来，看到自己的儿子小夏启在地上爬着玩儿。大禹心里一酸，眼泪不禁落了下来。这时，大禹眼前浮现出荆州地区老百姓受苦受难的景象。大禹又弯腰伏在马背上，策马而去。

大禹三过家门而不入的事迹感动了老百姓，人们都踊跃参加治水工程，大禹带领治水大军相继疏通了黄河、长江、淮河、济水、汉水、颖水等大小几百条河流，经过十几年的奋斗，水患终于被治理好了，人们都过上了安居乐业的生活。到这时候，大禹才有时间回到自己的家乡和亲人们团聚。妻子涂山氏一手搀着老婆婆，一手拉着小夏启，走出家门口来迎接大禹，乡亲们也敲锣打鼓地欢迎大禹这位治水英雄。

因为大禹治水有功，老百姓还送给大禹一副对联：

八年在外治平江河淮济

三过其门虚度辛壬癸甲

大禹与涂山氏塑像

太室山风光

（四）太室山与少室山

中岳嵩山有两座名山，分别是太室山、少室山。关于这两座山名的由来还有一个美丽的传说呢。

相传很早很早以前，当时的君主是尧，如今河南的登封县当时叫崇地，嵩山叫崇山。那时候，全国各地洪水泛滥，人们无法生存，纷纷逃往崇地。因为这里地势高，又有个酋长崇伯鲧领着大家修筑堤坝堵塞洪水，开辟出一大片土地，可供人们居住。因此鲧也有了名声。

尧听说了这个消息，他就派鲧专门去治理水患。但是鲧只知道堵，一连治水九年，结果没有一点成绩，便被尧杀死了。

虞舜当上君主后，鲧的儿子大禹要求继承父亲的遗志继续治理水患。舜看到禹有决心有才能，就答应了。禹的朋友伯益，建议禹用疏浚的办法去治水，一连治了十三年，开出九条河道，终于治水成功。

大禹治理水患，东奔西走，有一天他来到

了涂山一带，当地老百姓看见大禹三十多岁还没有娶媳妇，就把当地一个最好的姑娘涂山娇嫁给了他。结婚后，大禹把涂山娇带回了崇地。涂山娇的妹妹涂山姚不愿离开姐姐，也一起到崇地安家。大禹把涂山娇安排在崇山脚下居住，把涂山姚安排在季山脚下居住。从此，她不仅代姐姐照料孩子，还代姐姐一天三顿为大禹上山送饭菜。从此，大禹就把涂山娇住的崇山叫"太室"，把涂山姚住的季山叫"少室"，"太室山"与"少室山"也就从此得名了。

不久，轩辕山被凿通，治水的人又开到了龙门山。一连用了五年功夫，凿开了龙门口，把汝阳江的水放干了，露出了大片沃土。

后来，人们为了纪念涂山娇、涂山姚姐妹，在太室山下建了太室殿和太室祠，在少室山下建了少室殿和少姨庙，还在启母石前建了启母殿和启母庙。

少室山风光

独角舞表演

（五）独角舞

郑州市在每年的灯节都会举行大型文艺表演活动，其中有一个十分独特的节目。远远望去，就见几十名少男少女身着戏衣，双腿夹着独棍蹦啊，跳啊，很有一番乐趣。这就是全国仅有的民间艺术节目——君召乡孟村"独角舞"。关于"独角舞"的由来，有一个美妙的民间传说故事。

很早很早以前，郑州的嵩山地区还是一片汪洋大海，太室、少室等山峰也只是海中的几个小岛。每当暴风雨过后，这些小岛被会被淹没，老百姓们的房屋倒塌，流离失所，无家可归。为了帮助老百姓过上安居乐业的生活，不再受到洪水的侵袭，大禹和他的妻子涂山氏就在嵩山一带安家，决心彻底治理水患，让百姓过上好日子。大禹先在轩辕关治水，洪水退去，露出一些山头，而大地仍是一片海洋。大禹又率治水人马在分水岭一带安营扎寨，计划使用疏通的方法来治理水患。他们首先在岭东凿开大河口，在岭西扒开龙门口，这样洪水就可以沿着大禹他们凿开的河道顺流而下，最后汇入洛河。大禹治水成功了，为老百姓开辟出大片土地，百姓们也可以从高处搬下来进行耕作。就这样，人们日出而作，日落而息，逐渐丰衣足食，最终过上了好日子。为感谢大禹治水给人们造福，人们在大禹居住的村西盖了大禹庙，供奉尧舜禹的盖世功劳。

大禹治水的时候，主要是和蛟龙搏斗，而蛟龙有两个得力助手，即独角龙、独角兽，都有呼风唤雨的神通。独角兽有四条脚，还没有发育成蛟龙。大禹治水锁住蛟龙以后，独角兽跑到了海底，地点就在现在君召乡海渚村，直到如今，海渚人耕地时还能拾到大蛤蚌壳。海渚村在孟村往南不远，原是一片低洼地，土地湿润，是种植五谷的好地方。人们看到此地三面环水，好像海中的一个小洲，就叫它"海渚"。随着地壳的运动，环绕"渚"周边的水越来越少了，水中的独角兽受不了了，就在水中胡蹦乱跳，百姓们田间地头都可观赏这一奇特景观。

大禹与蛟龙搏斗，最终取得了胜利

独角兽雕塑

后来，那独角兽逐渐适应了缺水的生存环境，就能站立起来用尾巴着地往前走，上边两腿乱动，很是可笑。为了逗乐取笑，活跃劳动气氛，人们在耕作之余就用双腿夹住工具柄学着"独角兽"的动作蹦跳起来。久而久之，这个活动很快传遍了整个村庄，男女老少都学着跳起来。到粮食丰收冬藏之后，百姓们就到大禹庙前摆上供品，打起乐器，跳起用木杆做腿的"独角舞"来。从此以后，每年五谷丰登庆祝大禹治水有功时都要跳这个舞。到唐宋时期，孟村的"独角舞"就作为民间艺术团体到周边郡县演出，很受欢迎。

根据传说，明代有个叫孟如的年轻人，玩"独角舞"非常出众。一天，洛阳府官到登封巡视，叫他到大堂表演，他从堂下蹦到堂上，

花样百出，舞姿翩翩，献出了绝技，府官大喜，当场奖他银牌一个。百姓都非常高兴，从此以后，学舞的人越来越多，"独角舞"表演的花样也越来越多。

如今，孟村独角舞表演队已发展到了四十多人，做腿的木杆上涂彩花，半腰安柄，杆顶有把，舞蹈者上得干净，下得利索，跳蹦自如，两手甩开能玩上好多花样。周围锣鼓震天，彩旗招展，阵势浩大，好不热闹。

（六）禹铸九鼎

大禹在他成了一国之君以后，分封了很多诸侯国，加上以前先王子孙的诸侯国，形成了大量地方割据势力，时间长了，有些诸侯就想脱离中央的控制。大禹决定召开一次诸侯大会来解决这个问题，以便达到维护中央和诸侯国之间统属关系的目的。就在这个时候，大禹利用各方诸侯来朝的机会举行郊祀之礼，各个诸侯都留在都城阳城参加祭祀。在祭祀的时候，大禹虔诚地跪在地上，大声祈祷。典礼官高声朗诵祝文，各方诸侯细细听去，前

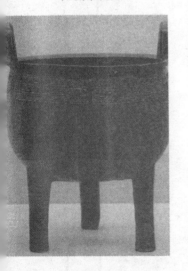

传说夏禹曾收九牧之金铸九鼎于荆山之下，并以此象征九州

夏启的祭台

半部分是为国祈福、为民祈年，后半部分说天下从舜的手里继承过来，将来也要像舜那样把天下再次传给贤人，决不能为了一家之私利而坏了规矩。

祭祀仪式结束以后，各个诸侯纷纷散开，之后又围在一起谈论。大家对大禹都感到非不满。一个诸侯说道："真是好笑，他要把天下传给皋陶，但是皋陶老病垂危，过了今天还不知道有没有明天，这不是明摆着是走形式吗？"一个诸侯接着说道："我听说大禹的儿子启纠合了无数心腹大臣，想要承袭王位。大禹怎么会把王位传给贤人呢？"后来这些不太满意的诸侯就都纷纷离开了。

且说大禹郊祭之后，看见因为不服而

禹会诸侯于涂山

离开的诸侯国有三十三个之多，心中不免纳闷。分析起来，不服的诸侯国以东南两方为多。于是大禹决定在阳城东南的涂山尽早召开诸侯大会，以检讨自己的过失。到了正式大会的日子，大禹穿了法服，手执玄圭，站在台上，四方诸侯按着他们各自国土的方向两面分列，首先都向大禹稽首作礼，大禹在台上也稽首答礼。礼毕之后，大禹大声向诸侯说道："我品德不够高尚，能力也十分有限，不足以服众，所以今天我召集大家开这个大会，为的是希望大家明白恳切的责备、规诫、劝喻，使我知道哪里做得不合适，使我能够有机会改过。我东奔西走，治理水患，虽然说略有一点功劳，但生平最兢兢自戒的是个"骄"字。先帝也常常以此来告诫我说：如果你不自我吹嘘，天下就没有人与你争高下，没有人与你争功劳。要求我做人要谦虚。一个人如果放低身段，谦虚为人，就会得到别人的帮助，受益匪浅；相反，一个人如果骄傲自满，自高自大，听不进别人的意见，必定会遭到失败的惩罚。所以说如果我有骄傲不谦虚的地方，麻烦请大家当面告知，否则就是教我不仁啊！对大家的教诲，我将洗耳恭听。"大家都明白禹受命于天，原本对大禹有意见的诸侯看到大禹这种态度，也都表示敬重佩服，消除了原先的疑虑。

这次大会，各方诸侯都带来了朝贺的礼物，大国献玉，小邦献帛。大禹宴请各位诸侯后，对各位诸侯又大加赏赐，并申明贡法，要求务须按照规则缴纳贡品。同时，大禹也表示要竭尽全力保护各诸侯国的权利，使其不受邻国的侵犯。涂山大会之后，诸侯们高高兴兴地回去了。大禹也率领群臣返回都城阳城。走到半路，忽然传来急报，说

涂山风光

青铜鼎

皋陶去世了，大禹听了，非常难过，回到都城后，就又改荐伯益于天。这样，从前疑心的诸侯知道误会了大禹，就在坚决拥护大禹的同时，也积极进献各类贡品。

为表示对大禹的敬意，各方诸侯常来阳城献"金"，也就是青铜制品，后来，全国进贡的青铜逐渐增多，大禹想起从前黄帝轩辕氏功成铸鼎，为了纪念涂山大会，就准备将各方诸侯进献的青铜铸造成几个大鼎。但为了避免各位诸侯的责备，大禹经过深思熟虑，决定哪一州进贡的青铜制品，就用来铸哪一州的鼎，并将那一州内的山川形势都铸在上面。还将从前治水时所遇到的各种奇异禽兽、神怪等一并铸在鼎上，使全国九州的老百姓都知道哪一种是神，哪一种是奸。

又过了几月，大禹已在位五年了。之后没过多久，气势磅礴的九鼎终于铸造成功了，分别是冀州鼎、兖州鼎、青州鼎、徐州鼎、扬州鼎、荆州鼎、豫州鼎、梁州鼎、雍州鼎。鼎上铸着各州的山川名物、禽与兽。九鼎象征着九州，其中豫州鼎为中央大鼎，豫州即为中央枢纽。九鼎集中到夏王朝都城阳城，表明天下从此一统。九鼎也成为"天命"的所在，是王权至高无上、国家统一昌盛的象征。大禹把九鼎称为镇国之宝，各方诸侯来朝见时，都要向九鼎顶礼膜拜。从此之后，九鼎成为国家最重要的礼器。后来夏朝被商所灭，九鼎就迁往商朝的都城亳邑。商朝被周所灭，九鼎就迁往周朝的镐京。后来周成王在洛邑营造新都，又将九鼎安置在洛邑，九鼎作为镇国之宝、传国之鼎仅传三代，约两千年后，因为周朝末年连年混战而神秘失踪，至今不知所在，成为千古之谜。因为禹铸造九鼎，直到现在，"一言九鼎""问

凝望远方的大禹像

鼎中原"等还是人们常用的词汇。

（七）河伯授图

传说大禹治水以前，黄河流到中原，没有固定的河道，经常泛滥成灾。

古时候，在华阴潼乡有个叫冯夷的人，不安心耕种，一心想得道成仙。他听说人喝上一百天水仙花的汁液，就可以成仙。于是就到处找水仙花。转眼过了九十九天，再找上一棵水仙花，吮吸一天水仙花的汁液，就可成仙了。冯夷很得意，这次又过黄河去一个小村庄找水仙花。这里的水不深，冯夷蹚水过河，到了河中间，突然河水涨了。他一慌张，脚下打滑，就掉落在黄河里，淹死了。死后，冯夷一肚子怨恨，就到天帝那里去告河的状。天帝听说黄河危害百姓，就封冯夷为黄河水神，人称河伯，负责治理黄河。

河伯用尽了气力，治理了好多年，也没能把黄河治理好。随着时间的流逝，他已经年迈体弱了，想着世上总有一天会有人能治理黄河的。为了让后人治水少费点劲，他天天奔东

传说古时黄河流至中原，因无固定河道而经常泛滥成灾

走西，跋山涉水，察看水情，画了一幅黄河水情图，准备把它授给能够治理黄河的人。

后羿见河伯治水无方，便想把他射死

到大禹治水的时候，河伯决定把黄河水情图授给他。这时，世上有个射箭百发百中的年轻人，叫后羿。他见河伯作为黄河水神，都没能治理好黄河，只是东奔西跑，不知道在干什么，便想把河伯射死。

这一天，河伯听说大禹来到了黄河边，就带着那幅水情图去找大禹。河伯和大禹没见过面，谁也不认识谁。河伯跑来跑去见河对面有个英武雄壮的年轻人，就喊着问："喂！你是谁？"

原来站在对岸的是后羿。他抬头一看，喊话的老头仙风道骨，就问："你是谁？"

河伯高声说："我是河伯。你是大禹么？"

后羿一听是河伯，冷笑一声说："我就是大禹。"说着张弓搭箭，不问青红皂白，"嗖"地一箭，射中河伯左眼。

河伯捂着眼，疼得直冒虚汗，心想：大禹呀，你好不讲道理。于是就去撕那幅水

大禹展开黄河水情图，最终疏通河道，成功治理了黄河

情图。正在这时，猛地传来一声："河伯! 不要撕图。"河伯用右眼一看，对岸一个戴斗笠的年轻人，拦住了后羿。这个人就是大禹。原来，大禹知道河伯绘了黄河水情图，正要找河伯求教呢!

大禹渡过河，跑到河伯面前，说："我是大禹，刚来到这里。听说你有一幅黄河水情图，特来找你求教。"

河伯说："我用了几年心血，画了这图，现在就授予你吧。"

大禹展开一看，图上密密麻麻，圈圈点点，把黄河上上下下、左左右右画得一清二楚。大禹高兴极了，他要感谢河伯，一抬头，河伯早没影了。

后来，大禹根据河伯授给他的黄河水情图，疏通水道，终于成功治理了黄河。